Alain Ledoux

Les Échecs
Règles du jeu

ÉDITIONS BORNEMANN

À mon père, qui m'a appris l'essentiel

1ère édition
Copyright © 1998
ÉDITIONS ULISSE - BORNEMANN - 15 rue Mansart - 75009 Paris
ISBN 2-85182-580-1

Les Échecs :
règles du jeu

Avant-propos

Le jeu d'Échecs est peut-être le plus fascinant de tous les jeux. Au fil des siècles, il a atteint une sorte de perfection. Dès vos premières parties, il saura vous procurer un plaisir inégalé. A condition d'avoir fait le petit effort d'assimiler ses règles, parfois jugées trop ardues. Et trop souvent mal comprises, déformées, sinon partiellement ignorées.

Avec ce petit ouvrage, vous apprendrez à jouer en quelques heures. Progressivement, aidé par de nombreux diagrammes, vous découvrirez les bases du jeu : le but de la partie et la marche des pièces. Vous vous familiariserez avec la notation universelle utilisée pour retranscrire et commenter les parties.

Vous trouverez enfin dans ces pages les réponses à toutes les questions que peut se poser un amateur dans la pratique : comment s'effectue la prise en passant, quand et comment on peut roquer, dans quelles conditions la partie est déclarée nulle...

Il ne vous restera plus alors qu'à... jouer.

L'échiquier

Une partie d'échecs oppose deux joueurs. Au début du jeu, chacun dispose des mêmes pièces, mais celles d'un joueur sont de couleur claire, celles de son adversaire de couleur foncée. Par convention, on désignera ces deux camps respectivement par "les Blancs" et "les Noirs". Le plateau où évolueront les pièces s'appelle l'échiquier.

L'échiquier est un plateau carré composé de 64 cases, alternativement claires et foncées. Cette fois encore, quelles que soient leurs couleurs exactes, on parlera de "cases blanches" et de "cases noires". Chaque case est repérée par la lettre désignant la colonne où elle se trouve et le chiffre désignant la rangée, les huit colonnes étant désignées par une lettre de a à h en partant de la gauche du camp des blancs (la droite du camp des noirs), les huit rangées étant numérotées de 1 à 8 en partant du camp des blancs.

L'échiquier doit être placé entre les deux joueurs, de sorte que chacun ait à sa droite une case de coin blanche.

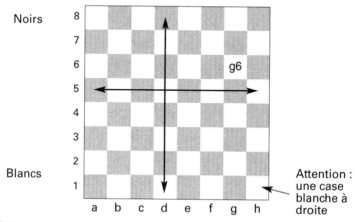

La flèche verticale désigne la colonne d, la flèche horizontale la cinquième rangée. A l'intersection des deux se trouve la case d5. De la même manière, la case g6 se trouve à l'intersection de la colonne g et de la sixième rangée.

Les pièces

Au début de la partie, chacun des deux joueurs dispose de seize pièces d'une même couleur. Celles d'un camp (les Blancs) sont claires, celles du camp adverse (les Noirs) sont foncées. En voici la liste, la forme qu'elles prennent dans le style de jeu aujourd'hui le plus répandu (jeu Staunton) et leur représentation graphique utilisée dans les diagrammes.

	Blancs		Noirs	
- Un Roi				
- Une Dame*				
- Deux Tours				
- Deux Fous				
- Deux Cavaliers				
- Huit pions				

Le terme "pièce" est très souvent employé par les auteurs pour désigner toute pièce autre qu'un pion. Pour éviter la confusion, il est recommandé de parler dans ce cas de "figure" : chaque camp dispose au début de seize pièces, huit figures et huit pions.

* La Dame est encore trop souvent appelée "Reine" et le Cavalier "Cheval". Ces dénominations sont tout à fait incorrectes et doivent être proscrites.

La position initiale

Au début de la partie, chaque joueur dispose les pièces de sa couleur sur les deux premières rangées de son camp, comme sur le diagramme ci-dessous.

Diagramme 2 : la position initiale.

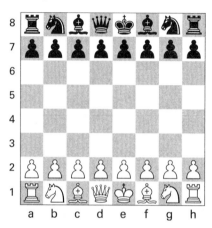

Sur la première rangée, commencez par placer les deux Tours sur les deux cases de coin. Puis, sur les cases voisines, les deux Cavaliers, puis les deux Fous. Il reste alors les deux cases centrales, une blanche et une noire, qui vont accueillir le Roi et La Dame. Il convient de placer la Dame sur la case de sa couleur. Ainsi, la Dame blanche viendra sur une case blanche, la Dame noire sur une case noire. Il ne restera alors plus qu'à poser le Roi sur la dernière case vide. On remarquera que les deux Dames, celle des Blancs et celle des Noirs, sont situées sur la même colonne où elles se font face. Il en est de même pour les deux Rois.

Pour compléter la mise en place de votre armée, il vous suffira alors de placer vos huit pions sur la deuxième rangée de votre camp.

La partie

Une partie se déroule en un certain nombre de coups, chacun des joueurs devant déplacer, à tour de rôle, l'une de ses pièces. C'est le joueur qui a les pièces blanches qui commence : il déplace une de ses pièces, ce qui constitue son premier coup. Puis son adversaire va faire de même, et ainsi de suite jusqu'à la fin de la partie.

Remarque :
Déplacer une de ses pièces lorsque c'est à son tour de jouer est une obligation. On ne peut pas "passer" son tour.

La notation des parties

Pour pouvoir communiquer, les joueurs d'Échecs se sont depuis longtemps rendus compte qu'il leur était indispensable de disposer d'un langage commun pour décrire leurs parties, et même leurs commentaires. Aujourd'hui, une notation internationale s'est imposée. Vous devrez vous familiariser avec son emploi. Cela ne vous demandera qu'un petit effort qui sera largement récompensé. Vous pourrez ainsi noter vos propres parties et surtout lire rubriques et livres consacrés au jeu... à commencer par celui-ci !

La transcription d'un coup comporte, dans l'ordre :
• le numéro de ce coup dans la partie ;
• le coup des Blancs : la figurine représentant la pièce déplacée (ou son initiale, lorsque vous noterez vous-même vos parties ou comme dans les ouvrages moins modernes), sauf s'il s'agit d'un pion, les coordonnées de sa case de départ puis celles de sa case d'arrivée, séparées par le signe "x" s'il s'agit d'une prise ;
• éventuellement, un signe représentant un événement particulier ou un commentaire (voir ci-après) ;

● le coup des Noirs, indiqué de la même manière.

Voici un premier exemple.

Prenez votre échiquier, placez les pièces dans la position initiale et rejouez la partie suivante :

1. f2-f4 e7-e6 2. g2-g4 ?? ♛h4 #

Vous devez à présent voir la position ci-dessous sur votre échiquier :

Diagramme 3 : position après 1. f2-f4 e7-e6 2. g2-g4 ?? ♛d8-h4 #

Récapitulons le déroulement de cette partie. Au premier coup, les Blancs ont déplacé un pion (pas de figurine) de la case f2 à la case f4. Les Noirs ont répondu en déplaçant un pion de la case e7 à la case e6. Au deuxième coup, les Blancs ont déplacé un pion de la case g2 à la case g4. Les Noirs ont répondu en jouant leur Dame (aviez-vous reconnu la figurine représentant la Dame ?) de d8 à h4.

Mais que signifiaient ces deux points d'interrogation après le deuxième coup de Blancs ? Qu'il s'agissait d'une très grosse faute. En effet, le signe "#" qui suivait la réponse des Noirs signifie "mat", en clair que les Noirs viennent de gagner la partie ! Eh oui, vous venez de voir la plus courte partie possible : deux coups ! Croirez-vous encore ceux qui prétendent que les parties d'échecs sont toujours interminables ?

Vous venez de découvrir deux signes particuliers (?? et #) permettant d'annoter un coup. Voici tous ceux que vous devrez connaître :
- +   : échec ;
- !   : bon coup ;
- !!   : très bon coup ;
- ?   : mauvais coup, faute ;
- ??   : très mauvais coup, grosse faute, gaffe ;
- ?!   : coup douteux, il y a mieux ;
- !?   : coup intéressant, même s'il n'est pas objectivement le meilleur.

D'autre part, les deux signes suivants désignent eux-mêmes un mouvement particulier:
- 0-0   : petit roque ;
- 0-0-0 : grand roque.

Enfin, le mouvement d'un pion parvenant sur la dernière rangée sera suivi de la précision suivante:
- = ♛   : le pion est promu en Dame (ou en une autre pièce représentée par la figurine).

Bien sûr, un certain nombre de termes employés ci-dessus vous sont encore inconnus. Vous découvrirez leur signification dans les pages qui suivent.

Remarques :

• dans un livre, la numérotation des coups peut commencer après une position donnée en exemple sur un diagramme sans que l'on connaisse le début de la partie ni le nombre de coups joués ;

• dans ce cas, si ce sont les Noirs qui jouent en premier, leur coup sera précédé de points de suspension, par exemple : 1. ... ♘d5 x f4 + !? (dans la position du diagramme, les Noirs prennent avec leur Cavalier qui se trouvait sur la case "d5" la pièce blanche en "f4", ce qui fait échec au Roi blanc, un coup intéressant).

• dans les ouvrages ou rubriques visant un public averti, on emploie généralement la notation abrégée, en omettant de signaler la case de départ de la pièce, le lecteur étant censé le savoir.

Les figures

Nous allons à présent découvrir comment se déplace chacune des figures du jeu.

Dans toute cette partie, il sera entendu qu'il s'agit des déplacements possibles en absence de tout obstacle, pièce alliée ou ennemie. Signalons dès à présent à ce sujet qu'à l'exception du Cavalier, une pièce ne peut en aucun cas sauter par dessus une autre pièce, et, évidemment, qu'il ne peut en aucun cas se trouver plus d'une pièce sur une même case.

Le Roi

Comme son nom l'indique, le Roi est la pièce la plus importante. En effet, comme nous le découvrirons plus loin, le but du jeu est de prendre le Roi adverse.

Le Roi se déplace en un coup d'une case dans n'importe quelle direction.

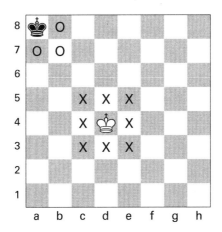

Diagramme 4 : le Roi blanc, au centre, peut se déplacer sur l'une des huit cases qui l'entourent, marquées d'une croix, tandis qu'à son tour, le Roi noir, du coin, ne pourra atteindre que l'une des trois cases voisines, marquées d'un cercle.

Si le Roi est la pièce capitale du jeu, il se déplace lentement et n'est guère puissant. Sauf en fin de partie, quand la plupart des autres pièces auront disparu, vous devrez plutôt veiller à le protéger que de le lancer à l'attaque.

La Tour

Au début de la partie, chaque camp dispose de deux Tours. Contrairement au Roi, ce sont des pièces à longue portée, donc puissantes.

La Tour se déplace en un coup d'un nombre illimité de cases en ligne droite, sur la rangée ou la colonne où elle se trouve.

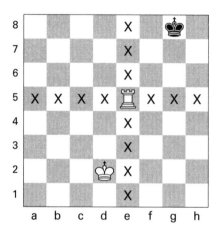

Diagramme 5 : la Tour blanche peut se déplacer sur l'une des quatorze cases marquées d'une croix.

Le Fou

Au début de la partie, chaque camp dispose de deux Fous. Mais, contrairement aux Tours, ils ne sont pas totalement équivalents. Nous allons voir pourquoi.

Le Fou se déplace en un coup d'un nombre illimité de cases sur l'une des deux diagonales où il se trouve.

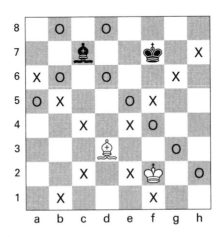

Diagramme 6 : le Fou blanc peut se déplacer sur l'une des cases marquées d'une croix, tandis qu'à son tour, le Fou noir pourra atteindre l'une des cases marquées d'un cercle.

Examinez bien le diagramme ci-dessus. Il est clair que les deux Fous évoluent dans deux espaces différents. Un Fou sur une case blanche ne pourra jamais atteindre une case noire et vice versa. Au début de la partie, chaque camp dispose d'un "Fou de cases blanches" et d'un "Fou de cases noires". En ce sens, on peut dire que les deux Fous ne sont pas totalement équivalents.

La Dame

Souvenez-vous : ne l'appelez plus jamais "Reine". Mais même privée de ce titre majestueux, la Dame est la pièce la plus puissante du jeu. Tout simplement parce qu'elle est la plus mobile.

La Dame se déplace d'un nombre illimité de cases sur la rangée, la colonne, ou l'une des deux diagonales où elle se trouve.

Ce qui revient à dire qu'elle se déplace, à son gré, comme une Tour ou comme un Fou (et donc par la même occasion comme le Roi).

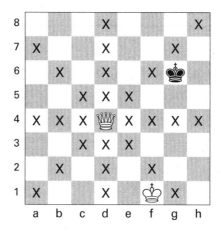

Diagramme 7 : la Dame blanche peut se déplacer sur l'une des vingt-sept cases marquées d'une croix.

Le Cavalier

En raison de son étrange déplacement, le Cavalier est une pièce très particulière.

Le Cavalier se déplace, en un coup, de deux cases sur la rangée ou la colonne où il se trouve, puis d'une case en tournant à angle droit, et cela, quelles que soient les pièces qui l'entourent.

Ainsi, il est la seule pièce qui peut sauter par-dessus une autre, qu'elle soit de son camp ou du camp adverse. C'est pourquoi les Allemands l'appellent *Springer* ("sauteur").

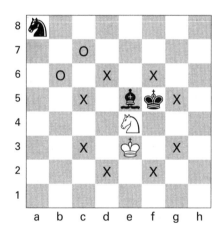

Diagramme 8 : le Cavalier blanc, au centre, peut se déplacer sur l'une des huit cases marquées d'une croix, tandis qu'à son tour, le Cavalier noir, dans le coin, ne pourrait atteindre que l'une des deux cases marquées d'un cercle.

Le diagramme ci-dessus vous enseigne déjà un élément de stratégie : efforcez-vous de placer vos Cavaliers au centre, où ils seront plus mobiles, donc plus puissants, plutôt que sur le bord de l'échiquier, ou pire, dans un coin, où ils viseront moins de cases.

La prise

Nous savons à présent comment se déplacent toutes les figures (c'est-à-dire toutes les pièces sauf le pion) en l'absence d'obstacle. Mais justement, ce déplacement peut être limité par la présence d'une pièce sur une des cases théoriquement accessibles à la figure jouée. Dans ce cas, que se produit-il ?

Une figure peut prendre une pièce adverse sur une case qui lui serait accessible par un déplacement normal.

La pièce prise est retirée du jeu, et la pièce qui vient d'effectuer la capture prend sa place.

On dit que "les figures prennent comme elles se déplacent".

Considérons la position suivante :

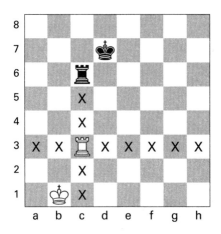

Diagramme 9 : c'est aux Blancs de jouer (on dit que "les Blancs ont le trait"). Leur Tour peut se déplacer sur l'une des cases vides marquées d'une croix ou venir sur la case c6, où elle remplacera la Tour noire qui sera retirée du jeu. En revanche, la Tour blanche ne peut sauter par-dessus la Tour noire et ne peut donc atteindre les cases c7 et c8.

Imaginons que la Tour blanche ait effectivement choisi de prendre la Tour noire en c6. Voici la nouvelle position, dans laquelle c'est à présent aux Noirs de jouer.

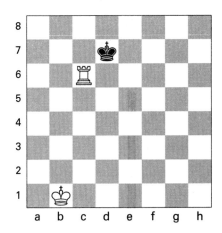

Diagramme 10 : la Tour blanche vient de prendre la Tour noire en c6. A présent, les Noirs ont le trait. Avec leur Roi, ils peuvent prendre la Tour blanche en c6.

Dans cette nouvelle position, les Noirs peuvent prendre la Tour blanche avec leur Roi, celui-ci pouvant atteindre toute case voisine. Dans ce cas, chaque camp ayant perdu une Tour dans l'opération, on dirait qu'il y a eu "échange" de Tours. Mais il faut souligner que le Roi noir n'est pas obligé de prendre la Tour.

Une prise n'est obligatoire que lorsqu'elle représente le seul coup possible.

Voyons à présent une nouvelle position. Ici, le déplacement de la Tour est limité non seulement par des pièces adverses, qu'elle peut prendre comme on vient de le voir, mais également par des pièces de son propre camp. Et, bien sûr, une pièce ne peut prendre une pièce de son propre camp.

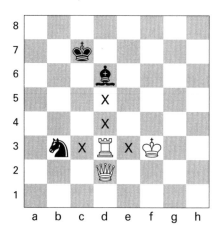

Diagramme 11 : la Tour blanche peut se déplacer sur l'une des cases marquées d'une croix. Elle peut également prendre le Cavalier ou le Fou noirs et prendre leur place. Mais son mouvement est limité par le Roi et la Dame de sa propre couleur.

Le pion : l'avance

Évitez de le désigner par l'expression "petit pion". Elle fera sourire tout joueur expérimenté qui sait que c'est souvent lui qui décide de la victoire.

Le pion est une pièce particulière à plusieurs titres.

Tout d'abord parce que sa marche s'effectue en sens unique : le pion ne recule jamais.

En l'absence d'obstacle, le pion peut avancer sur la case située immédiatement devant lui. Toutefois, lorsqu'il est encore sur sa case initiale (sur la deuxième rangée de son camp), il peut avancer, au choix, d'une ou deux cases.

Attention : contrairement à une ancienne coutume, il n'est pas permis d'avancer deux pions d'une case au premier coup de la partie.

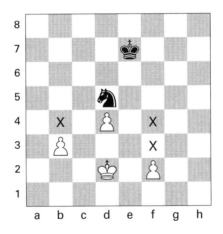

Diagramme 12 : les pions blancs peuvent se déplacer sur les cases marquées d'une croix.

Dans la position ci-dessus, le pion d4, en l'absence du Cavalier d5, pourrait avancer d'une case. Mais ici, il est bloqué par la pièce noire qu'il ne peut prendre. Car, contrairement aux figures, le pion ne prend pas comme il se déplace.

Le pion : la prise

Le pion peut prendre une pièce adverse en avançant d'une case en diagonale.

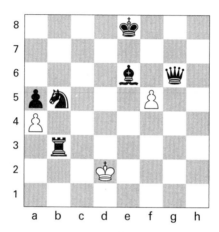

Diagramme 13 : le pion a4 ne peut prendre le pion noir a5, situé juste devant lui, ni la Tour située derrière lui. Mais il peut prendre le Cavalier situé sur une case en diagonale devant lui. De même, le pion f5 peut prendre le Fou ou la Dame. Mais il peut aussi avancer sur la case libre située devant lui.

Rappel : même pour prendre, un pion ne peut jamais reculer.

Le pion : la prise en passant

Sa manière d'effectuer les prises distinguait déjà le pion. Eh bien, cette règle elle-même connaît une exception. C'est la prise en passant.

Un pion qui, venant de sa case initiale, vient d'avancer de deux cases, peut être immédiatement pris "en passant" par un pion adverse qui aurait pu le prendre s'il n'avait avancé que d'une case. La prise s'effectue alors de la même manière qu'elle se serait effectuée dans ce dernier cas.

Cette règle, sans doute l'une des plus complexes et des plus méconnues du jeu, mérite bien deux diagrammes.

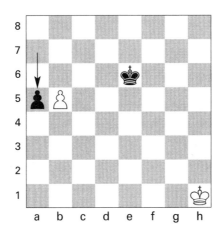

Diagramme 14 : avant la prise en passant.

Le pion noir vient d'avancer de a7 en a5. S'il n'avait avancé que d'une case (en a6), le pion blanc aurait pu le prendre "normalement". Ici, le pion blanc peut le prendre de la même manière, comme s'il l'avait pris lorsqu'il "passait" en a6.

Voyons le résultat :

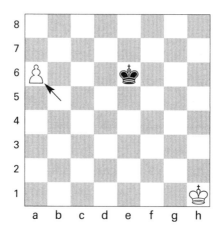

Diagramme 15 : après la prise en passant. Le pion blanc a pris le pion noir sur la première case où il est passé.

La prise en passant n'est pas une règle secondaire. A titre d'exemple, sachez que dans la position du diagramme 14, la prise en passant est la seule manière de gagner pour les Blancs. Pire, s'ils ne l'effectuent pas, ce sont même les Noirs qui gagnent !

Rappels :

• la prise en passant ne peut s'effectuer qu'immédiatement après le mouvement du pion adverse ;

• comme toutes les prises, la prise en passant n'est pas obligatoire ;

• la prise en passant ne concerne que les pions : seul un pion peut prendre en passant et il ne peut prendre ainsi qu'un pion adverse.

Le pion : la promotion

Et nous n'en avons pas fini avec les particularités de ce pion décidément bien étonnant. En effet, s'il peut souvent suffire à assurer le gain de la partie, c'est parce que, par le mécanisme de la promotion, il peut se transformer en une pièce plus puissante.

Lorsqu'un pion parvient sur la huitième, et dernière, rangée de son camp (la première du camp adverse), il doit immédiatement être remplacé par une autre pièce de son camp, excepté le Roi.

Voyons un premier exemple :

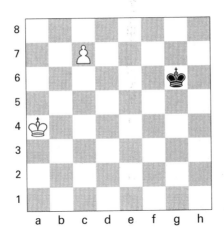

Diagramme 16 : avant la promotion : les Blancs ont le trait et peuvent avancer leur pion de c7 en c8.

Les blancs, en jouant leur pion, l'ont amené sur la dernière rangée. Leur coup n'est pas terminé. Ils doivent à présent remplacer leur pion par une autre pièce de leur couleur. Supposons qu'ils choisissent une Dame, comme dans la majorité des cas, cette pièce étant la plus puissante. Voici la nouvelle position :

Diagramme 17 : les Blancs ont joué 1. c7-c8 = ♕. Leur coup est terminé, c'est à présent aux Noirs de jouer.

La promotion peut bien sûr être le résultat d'une prise.

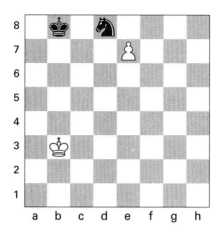

Diagramme 18 : ici, les Blancs peuvent avancer leur pion par e7-e8 mais aussi prendre le Cavalier noir par e7 x d8. Dans les deux cas, ils doivent retirer immédiatement leur pion de l'échiquier pour le remplacer par une autre pièce de leur couleur, sauf le Roi : une Dame, une Tour, un Fou ou un Cavalier.

La règle de la promotion souffre souvent d'interprétations erronées. Récapitulons :

• comme tout mouvement de la partie, la poussée d'un pion de la septième à la huitième rangée n'est pas obligatoire. Mais si le pion atteint la huitième rangée, la promotion est obligatoire : le joueur doit immédiatement ôter le pion de l'échiquier et le remplacer par une figure de sa couleur autre que le Roi ;

• l'expression "aller à Dame" est à déconseiller car le pion peut être promu en Dame, en Tour, en Fou ou en Cavalier, au choix du joueur, et cela, quelles que soient les pièces encore présentes sur l'échiquier. Ainsi, un joueur peut avoir deux Dames, et même théoriquement jusqu'à neuf s'il a gardé sa Dame initiale et promu ses huit pions en Dames, ou de la même façon dix Tours... Dans la pratique, l'apparition d'une deuxième Dame pose généralement un problème puisqu'on ne dispose pas de deux exemplaires de cette pièce. Dans les parties amicales, il est coutume de prendre une Tour déjà enlevée de l'échiquier et de la placer à l'envers. Si ni Dame ni Tour ne sont disponibles, ce qui est tout de même très rare, on devra se résoudre à prendre un petit objet étranger comme un bouchon... En tout cas, évitez absolument de garder le pion en annonçant : "c'est une Dame !"

A noter que dans les parties officielles de compétition, le joueur ne disposant pas de la pièce souhaitée doit arrêter le jeu et appeler l'arbitre : une Tour à l'envers ne serait pas considérée comme une Dame, mais bel et bien comme une Tour ! ;

• la promotion peut résulter d'une simple avance du pion ou d'une prise.

L'échec

Observons le diagramme ci-dessous. La Tour blanche vient de jouer de c1 à c8. A présent, si c'était de nouveau aux Blancs de jouer dans cette position, ils pourraient prendre le Roi noir avec leur Tour. Dans cette situation, on dit que les Blancs ont mis le Roi noir en échec.

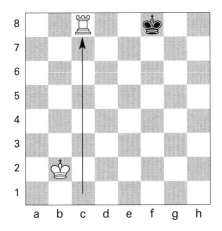

Diagramme 19 : la Tour blanche attaque le Roi noir. Celui-ci est en échec.

Doit-on annoncer à son adversaire que l'on vient de mettre son Roi en échec ?

Ce n'est nullement obligatoire et, les joueurs chevronnés étant censés s'en apercevoir, la pratique est tombée en désuétude en compétition. En revanche, lors de parties amicales entre amateurs, nous vous conseillons de le faire en prévenant discrètement votre adversaire par "échec au Roi" ou tout simplement par "échec".

Comme le but du jeu est de prendre le Roi adverse, un Roi en échec, c'est-à-dire menacé d'être pris au coup suivant, doit obligatoirement se soustraire à cette attaque. On dit que "le joueur doit parer l'échec".

Voyons cela en détail :

Un Roi attaqué est dit "en échec". Il doit impérativement se soustraire à cet échec.

Il y a trois manières de parer un échec :

• en interposant l'une de ses pièces entre la pièce qui attaque le Roi et le Roi lui-même (à noter que cette parade est inefficace face à un échec du Cavalier) ;

• en prenant la pièce qui attaque le Roi ;

• en déplaçant le Roi sur une case où il ne sera plus en échec.

Puisqu'il est obligatoire de parer un échec, il est évidemment interdit de jouer son Roi sur une case où il serait en échec. En particulier, il est donc interdit de jouer son Roi sur une case voisine du Roi adverse.

Que faire si votre adversaire, ne s'étant pas aperçu que son Roi était en échec, néglige l'attaque ? Lui prendre son Roi ? Non, cette pratique condamnable ne peut être tolérée que dans certaines parties disputées avec une pendule à un rythme très élevé (Blitz où chaque joueur ne dispose que de cinq minutes au maximum pour toute la partie).

En fait, aucune sanction n'est prévue dans ce cas. Vous devez simplement signaler à votre adversaire que son Roi est en échec et qu'il doit reprendre son coup pour le soustraire à cette attaque. D'où l'intérêt d'annoncer l'échec...

En revanche, précisons au passage que la coutume qui voulait qu'on prévienne de l'attaque de la Dame adverse par "échec à la Dame" ou "gardez" est totalement injustifiée et doit donc être proscrite.

Récapitulons les manières de parer un échec sur un diagramme :

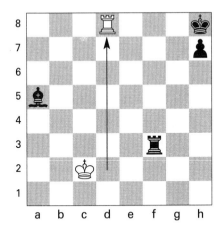

Diagramme 20 : les Blancs viennent de jouer 1. ♖ d2-d8+. La Tour blanche attaque à présent le Roi noir : celui-ci est en échec. Les Noirs disposent de trois manières de parer cet échec.

Dans la position du diagramme ci-dessus, les Noirs doivent parer l'échec que vient de donner la Tour blanche. Ils peuvent :

• interposer leur propre Tour entre leur Roi et la Tour blanche : 1. ... ♖ f3-f8 ;

• prendre avec leur Fou la Tour blanche qui donne échec : 1. ... ♗ a5 x d8 ;

• déplacer leur Roi pour qu'il ne soit plus attaqué par la Tour : 1. ...♔h8-g7. A noter que le mouvement du Roi sur la dernière rangée, 1. ... ♔h8-g8, serait vain car le monarque noir resterait attaqué par la Tour.

L'échec et mat

A présent, examinons la position du diagramme suivant. Elle ressemble un peu à celle du diagramme précédent. Pourtant, la situation est bien différente...

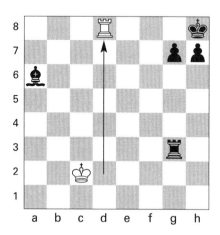

Diagramme 21 : les Blancs viennent de jouer 1. ♖ d2-d8#. La Tour blanche attaque à présent le Roi noir : celui-ci est en échec. Les Noirs ne disposent d'aucune manière de parer cet échec : ils sont mat.

Dans la position du diagramme ci-dessus, les Noirs doivent parer l'échec que vient de donner la Tour blanche. Mais...

• ils ne peuvent interposer aucune de leurs pièces entre la Tour blanche et leur Roi ;

• ils ne peuvent prendre la Tour blanche ;

• ils ne peuvent déplacer leur Roi sur une case où il ne serait plus en échec. En effet, la seule case voisine accessible est g8, où il serait toujours attaqué par la Tour blanche.

Le Roi noir est en échec et il n'a aucun moyen de parer cet échec. On dit qu'il est "échec et mat" ou tout simplement "mat". La partie est terminée et le joueur qui avait les Noirs a perdu.

Le pat

Prenons un nouvel exemple :

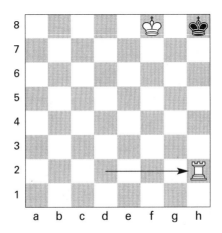

Diagramme 22 : les Blancs viennent de jouer 1.♖d2-h2# !. Le point d'exclamation signifie que c'est un bon coup : bien sûr, puisque les Noirs sont mat (nous vous laissons le soin de le vérifier). Les Blancs ont gagné la partie.

Vous auriez sûrement joué ce coup. Mais imaginons un joueur plus distrait qui aurait joué, un peu au hasard, un autre coup beaucoup moins efficace...

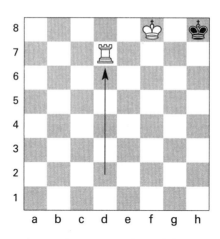

Diagramme 23 : les Blancs viennent de jouer 1. ♖d2-d7 ??. Les deux points d'interrogation signifient qu'il s'agit là d'une gaffe. En effet, les Noirs sont pat et la partie est nulle.

Que s'est-il cette fois passé ? C'est toujours aux Noirs de jouer. Ils ne sont pas en échec (la Tour blanche n'attaque pas le Roi noir), mais que peuvent-ils faire ? Le Roi noir ne peut venir sur une case voisine du Roi blanc en g8 ou en g7, ni passer sous le feu de la Tour en h7 : dans les deux cas, il se mettrait en échec, ce qui lui est formellement interdit. Alors ? Au trait, les Noirs ne sont pas en échec mais ils ne peuvent pas jouer. On dit qu'ils sont pat*, et la partie est nulle.

Le pat survient le plus souvent lorsque l'un des camps ne possède plus que son Roi. On dit que son Roi est "dépouillé". Mais il arrive qu'un camp soit pat alors qu'il dispose encore de plusieurs pièces, toutes immobilisées. Comme sur le diagramme suivant.

---

* Note : mat et pat sont des adjectifs invariables.

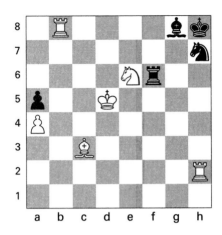

Diagramme 24 : si les Blancs ont le trait, ils gagnent en faisant mat par 1. ♗c3 x f6 # ; si les Noirs ont le trait, ces derniers sont pat et la partie est nulle.

Si, dans la position ci-dessus, c'est aux Blancs de jouer, ils font mat en prenant la Tour noire avec leur Fou. Le Roi noir, en échec par le Fou, ne peut venir en g7 où il n'échapperait pas à l'échec du Fou (et subirait même celui du Cavalier blanc). D'autre part, le Cavalier noir ne peut prendre le Fou car il exposerait de ce fait son Roi à l'échec de la Tour blanche h2 : on dit que le Cavalier est "cloué". Les Noirs sont mat et les Blancs ont gagné la partie.

Si, au contraire, c'est aux Noirs de jouer, il ne disposent d'aucun coup légal. Leur pion est bloqué par le pion blanc, leur Fou et leur Cavalier sont cloués par les Tours blanches, leur propre Tour par le Fou blanc et leur Roi ne peut venir sur la case g7, contrôlée par le Cavalier blanc. Les Noirs sont pat et la partie est nulle.

Récapitulons :

• un camp dont le Roi est en échec et qui ne peut parer cet échec est mat ; il a perdu la partie ;

• un camp dont le Roi n'est pas en échec mais qui, à son tour de jouer, ne dispose d'aucun coup possible est pat ; la partie est nulle : il n'y a ni vainqueur ni vaincu.

Le roque

Savons-nous enfin à présent tout sur le déplacement des pièces ? Presque ! Il nous reste en effet à découvrir un mouvement particulier : le roque. L'énoncé de la règle n'en est pas très simple, mais un minimum de pratique suffira à vous la rendre familière. Voyons...

Le roque permet de déplacer en un seul coup son Roi et l'une de ses Tours aux conditions suivantes :

• le Roi et la Tour ne doivent pas s'être déplacés depuis le début de la partie ;

• les cases entre le Roi et la Tour doivent être vides ;

• le Roi ne peut être en échec ;

• lors du roque, le Roi ne doit pas passer sur une case où il serait en échec.

Dans ces conditions, le Roi peut se déplacer de deux cases en direction de la Tour. Celle-ci passera alors par-dessus le Roi pour s'arrêter sur la case juste derrière. Ces deux mouvements, effectués simultanément ou l'un après l'autre, ne constituent qu'un coup.

Le Roi, situé initialement sur la colonne e, est plus proche de la Tour h1 que de la Tour a1. C'est pourquoi on parle, quand le roque s'effectue avec la première, de "petit roque", et de "grand roque" si c'est avec la seconde. A noter que dans les deux cas, le Roi se déplace de deux cases. Mais lors du petit roque, la Tour h1 se déplace de deux cases pour venir en f1, le Roi venant en g1, tandis que lors du grand roque, la Tour a1 se déplace de trois cases pour venir en d1, le Roi venant en c1.

Mais voyons tout ceci sur des diagrammes :

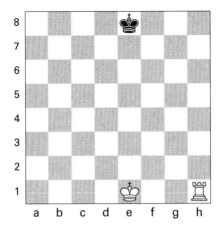

Diagramme 25 : avant le petit roque

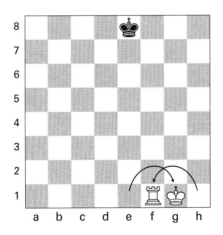

Diagramme 26 : après le petit roque

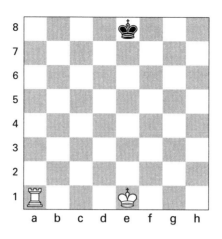

Diagramme 27 : avant le grand roque

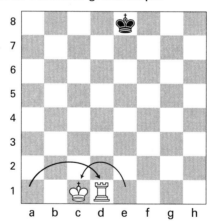

Diagramme 28 : après le grand roque

Précisions :

• pour pouvoir roquer, ni le Roi ni la Tour ne doivent s'être déplacés depuis le début de la partie, même s'ils sont revenus sur leur case initiale ;

• en revanche, si le Roi ne doit pas être en échec au moment du roque, il peut fort bien l'avoir été plus tôt dans la partie. A condition, bien sûr, d'avoir paré cet échec autrement qu'en se déplaçant.

• le Roi ne peut évidemment pas arriver sur une case où il serait en échec mais il ne doit pas, de plus, passer sur une case où il serait en échec (f1 lors du petit roque, d1 lors du grand roque). En revanche, rien n'interdit à la Tour de passer sur une case contrôlée par une pièce adverse : le grand roque est possible même si une pièce adverse contrôle la case b1.

• évitez d'annoncer, comme de nombreux amateurs : "je roque". Prévenez-vous votre adversaire lorsque vous jouez la Dame ou un Cavalier ?

La fin de la partie

Nous avons déjà vu deux situations qui mettaient immédiatement fin à la partie. Le mat qui signifiait la perte pour celui qui le subissait et le pat qui imposait la nullité.

Gain pour un camp et perte pour l'autre, ou partie nulle, il n'existe pas d'autres résultats possibles. Mais l'un comme l'autre peuvent être obtenus de différentes manières.

Dans la pratique des joueurs de compétition, il est rare que la partie se poursuive jusqu'au mat. Dès qu'un joueur estime qu'il n'a plus aucune chance d'échapper à la défaite, ne serait-ce qu'à cause du déficit d'un pion, il abandonne.

L'abandon est une décision délicate. Il est en effet désolant, et particulièrement méprisant pour son adversaire, de voir un joueur s'obstiner à poursuivre une partie sans espoir. Mais il n'est pas moins regrettable d'assister à la capitulation d'un joueur qui disposait encore d'une ressource plus ou moins cachée pour gagner lui-même la partie, ou du moins pour arracher la nulle. Pensez au pat qui peut sauver de la défaite un joueur en grande infériorité matérielle.

Vous êtes seul juge de votre décision. Sachez abandonner quand il le faut, mais ne vous y résignez jamais si vous n'êtes pas absolument persuadé que vous sauriez gagner vous-même la partie si vous preniez la place de votre adversaire. Et ne vous laissez en aucun cas influencer par les signes d'impatience de votre vis-à-vis.

Signalons enfin que l'on peut également perdre une partie lorsqu'elle est disputée en temps limité avec une pendule et que l'on a dépassé le temps alloué.

Les cas où la partie est déclarée nulle sont plus variés.

La partie nulle

Nous avons déjà vu une situation dans laquelle la partie était immédiatement déclarée nulle, le pat.

Mais cela peut se produire dans certains autres cas.

La partie est déclarée nulle si :

• l'un des camps est pat ;

• aucun camp n'a plus le matériel suffisant pour pouvoir faire échec et mat. C'est évidemment le cas lorsqu'il ne reste plus que les deux Rois sur l'échiquier, mais aussi avec un Roi seul contre un Roi et un Fou ou un Roi seul contre un Roi et un Cavalier ;

• un joueur propose à son adversaire de déclarer la partie nulle et que celui-ci accepte. Cela se produit normalement lorsqu'un joueur sait qu'il ne pourra plus gagner sans une faute grossière de son adversaire. Ce sera par exemple le cas dans la situation où un joueur dispose de deux Cavaliers contre un Roi seul. Le mat n'est certes pas théoriquement impossible, mais il faudrait un véritable suicide du Roi dépouillé pour que cela lui arrive ;

Cette "nullité par convention mutuelle" se produit souvent en compétition dès lors que les deux joueurs jugent la position équilibrée. Ou quand, dans un match ou un tournoi, ils décident dès les premiers coups d'une partie de préserver leurs forces pour la suite de l'épreuve, ou même pour tout autre raison tactique. Bien entendu, ce genre de conclusion anticipée n'aurait guère de sens dans le cadre d'une partie amicale entre amateurs ;

• 50 coups viennent d'être joués sans mouvement de pion ni prise et que l'un des joueurs puisse le prouver et réclame que la partie soit déclarée nulle. Cette règle non plus n'a que peu de chance d'être appliquée en partie amicale. Sachez cependant ne pas vous entêter à poursuivre indéfiniment une partie où chaque camp "tourne en rond" ;

• apparaît pour la troisième fois dans la partie rigoureusement la même position, c'est-à-dire avec le même emplacement des pièces sur l'échiquier et le même joueur au trait. A noter donc qu'il n'est pas nécessaire que ces répétitions soient consécutives. Mais ce sera pourtant le cas le plus fréquent, notamment sous la forme de "l'échec perpétuel", dont nous allons voir un exemple.

L'échec perpétuel

Considérons la position du diagramme ci-dessous. Bien sûr, les blancs devraient perdre avec une telle infériorité matérielle. N'ont-ils pas une Tour et deux pions en moins ? Pourtant, ils disposent ici d'une ressource inattendue qui va leur permettre d'imposer la partie nulle à leur adversaire.

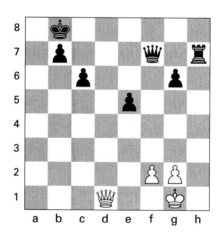

Diagramme 29 : les Blancs jouent et imposent la partie nulle.

Un petit conseil : tout au long de la partie, demandez-vous à tout moment si votre adversaire peut vous donner un échec et si vous-même pouvez faire échec. Tout particulièrement dans les cas apparemment désespérés, regardez bien, avant d'abandonner, si un échec ne pourrait pas vous sauver. C'est ici le cas pour les Blancs. Ils peuvent jouer 1. ♕d1-d8 +. Le Roi noir, en échec, ne peut que fuir en a7 : 1. ... ♚ b8-a7. Mais les Blancs disposent alors d'un nouvel échec : 2. ♕d8-a5 +. Et le Roi noir doit se résigner à retourner d'où il vient, en b8, où il subira un nouvel échec de la Dame blanche. Et ainsi de suite. La même position pouvant se répéter indéfiniment, les Noirs doivent accepter la partie nulle.

Pièce touchée, pièce jouée

Vous savez à présent à peu près tout des règles du jeu. Voici un dernier point qu'il est indispensable de respecter.

• *Pièce touchée, pièce à jouer :* dès que l'on a touché une pièce, on doit la jouer. Si l'on veut juste replacer correctement une pièce sur sa case sans la jouer, on doit auparavant prévenir son adversaire en lui annonçant : "j'adoube".

De même, si l'on a commencé par toucher une pièce adverse dans l'intention de la prendre, on devra la prendre.

Enfin, pour appliquer de la manière la plus rigoureuse cette règle, il conviendra d'effectuer le roque en déplaçant simultanément le Roi et la Tour, ou d'abord le Roi de deux cases, ce qui indique clairement votre intention de roquer. Si vous saisissez en premier lieu la Tour, un adversaire particulièrement tatillon pourra vous imposer de la jouer seule, sans déplacer votre Roi.

• *Pièce lâchée, pièce jouée :* dès que l'on a lâché la pièce sur une case, le coup est définitivement joué. On ne peut plus le reprendre.

Sans vous montrer excessivement pointilleux sur ces deux

règles lors de parties amicales, nous vous conseillons de les respecter. Cela ne fera que vous inciter à réfléchir davantage avant de vous décider pour un coup.

Cependant, il n'est pas prévu de sanction particulière pour un joueur qui a touché une pièce qu'il ne peut légalement déplacer. Dans le cas où il a joué complètement un coup impossible, il est juste dans l'obligation de reprendre son coup, en jouant toutefois la même pièce si c'est possible. Dans le cas contraire, il est entièrement libre de son nouveau mouvement. L'ancienne règle qui voulait qu'il joue alors son Roi a été abolie depuis longtemps.

La cadence

La cadence est le rythme auquel doit être jouée la partie lorsqu'elle se dispute avec une pendule : on distingue les parties au K.-O. où chaque joueur dispose d'un temps limité pour toute la partie (le blitz en 5 minutes ou même parfois moins, et le semi-rapide jusqu'à une heure) et les parties où chaque joueur dispose d'un temps limité pour un certain nombre de coups (par exemple, 40 coups en deux heures, puis 20 coups à l'heure).

Aujourd'hui, on adopte souvent en tournoi une cadence mixte, par exemple 40 coups en deux heures, puis une heure K.-O. Enfin, les pendules électroniques permettent d'adopter une "cadence Fischer" (du nom du célèbre champion américain) dans laquelle, pour chaque coup joué, chaque joueur se voit ajouter un bonus de temps à un capital-temps initial (par exemple, 40 minutes plus 20 secondes par coup).

Même pour vos parties amicales, nous ne pouvons que vous conseiller de jouer avec une pendule, à une cadence variant de 20 minutes à une heure K.-O.

Glossaire

Le vocabulaire consacré au jeu d'échecs est extrêmement riche et il faudrait un véritable dictionnaire pour en définir tous les termes. Voici tout de même une petite sélection des mots et expressions que vous serez amené à rencontrer le plus souvent.

Aile : ensemble des trois premières colonnes de l'échiquier (colonnes a, b et c, et l'on parle dans ce cas de l'aile-Dame ou parfois encore d'Ouest) ou des trois dernières (colonnes f, g et h, et cette fois, il s'agit de l'aile-Roi ou l'Est).

Centre : les quatre cases du milieu de l'échiquier (d4, e4, d5, e5).

Combinaison : suite de coups conduisant de manière plus ou moins forcée à un gain de matériel ou à un autre avantage.

Début : les premiers (sans plus de précision) coups d'une partie (ex. : "les pièges dans les débuts"). Les débuts les plus courants portent des noms et font l'objet d'une abondante littérature, la Théorie* des débuts.

Échec à la découverte : échec donné en déplaçant une pièce qui démasque la pièce qui attaque le Roi adverse. Il s'agit là d'une arme redoutable car la pièce jouée peut attaquer ainsi en toute impunité une autre pièce (le joueur en échec doit prioritairement parer l'échec) ou elle-même mettre une deuxième fois le Roi en échec. On parle dans ce cas d'échec double, auquel le Roi ne peut échapper que par la fuite.

Finale : dernière phase de la partie, généralement lorsque la plupart des figures ont disparu, dans laquelle il s'agit de concrétiser l'avantage acquis, souvent par la course à la promotion d'un pion aidé par le Roi (finale de Roi) ou une autre figure (ex. : finale de Tours).

Fourchette : attaque simultanée de deux pièces adverses par la même pièce (ex. : une fourchette du Cavalier). Dans la position du diagramme 13, le pion f5 fait une fourchette à la Dame et au Fou noirs.

---

* Voir également ce terme.

Gambit : dans le début, sacrifice* d'un pion dans le but de gagner du temps ou quelque autre avantage, comme l'espace (ex. : un gambit audacieux), qui peut donner son nom au début lui-même (ex. : le Gambit-Dame : 1. d2-d4 d7-d5 2. c2-c4).

Matériel : forces d'un camp, estimées en ne tenant compte que de la valeur* théorique des pièces.

Ouverture : terme souvent employé comme synonyme de début, mais qui désigne plus proprement le premier coup de la partie (ex. : l'ouverture du pion-Dame : 1. d2-d4).

Qualité : différence matérielle entre la valeur* d'une Tour (5) et un Cavalier ou un Fou (3).

Sacrifice : abandon volontaire de matériel, c'est-à-dire soit d'une pièce (ex. : un sacrifice de Dame), soit d'une pièce contre une pièce de valeur inférieure (ex. : un sacrifice de qualité*).

Sous-promotion : lorsqu'un pion parvient sur la huitième rangée, il doit se transformer en une autre pièce de sa couleur, excepté le Roi. C'est la promotion du pion. Comme la Dame est la pièce de plus grande valeur*, c'est le plus souvent elle que l'on choisit. Cependant, il est des cas où le joueur aura intérêt à préférer une autre pièce, généralement une Tour pour éviter le pat ou un Cavalier pour gagner du temps en faisant échec. On parle alors de sous-promotion.

Théorie : ensemble des connaissances ayant fait l'objet de vérifications rigoureuses (Théorie des finales) ou tirées de la pratique des grands joueurs et largement admises (Théorie des débuts).

Valeur théorique des pièces : l'expérience a permis d'établir la hiérarchie suivante : pion = 1, Cavalier = 3, Fou = 3 (ou légèrement plus, car, en tout cas, deux Fous valent plus que deux Cavaliers ou un Cavalier et un Fou), Tour = 5, Dame = 9,5 (entre 9 et 10 suivant les auteurs, mais en tout cas, moins que deux Tours). Bien sûr, il s'agit là de valeurs très théoriques, ne tenant pas compte des particularités de la position (souvenez-vous qu'un pion peut se transformer en Dame en un coup !). Enfin, le Roi ne pourrait se voir attribuer qu'une valeur infinie, puisque sa prise est l'enjeu même de la partie.

Variante : suite de coups qu'il était possible de jouer dans la partie à la place de la ligne choisie par le joueur et qui mérite un commentaire par son intérêt. Dans la Théorie des débuts, certaines

variantes portent un nom (ex. : Variante Najdorf de la Défense sici-
lienne : 1. e2-e4 c7-c5 2. ♘g1-f3 d7-d6 3. d2-d4 c5 x d4 4. ♘f3 x
d4 ♘g8-f6 5. ♘b1-c3 a7-a6).

Zeitnot : en allemand, littéralement "crise de temps". Situation d'un
joueur à qui il ne reste que très peu de temps à la pendule pour
jouer un certain nombre de coups.

Zugzwang : situation d'un joueur qui doit jouer mais qui ne dispose
que de coups entraînant sa perte.

Sommaire